1分で幸せ♥になれる言葉

にゃんこセラピー

リベラル文庫

はじめに

落ち込んでいる時、悲しい時、本書を開いてみてください。見ているだけで心が癒される愛らしい猫の写真と幸せに生きるためのヒントになる名言が、あなたに幸せを運んでくれます。名言は５つのシチュエーションに分けています。最初から読み始めてもいいですし、気になるページから開いてもＯＫ。猫のように、気ままに自由に楽しんでください。

1章 自分を磨きたいとき
.... p7

2章 悲しみを乗り越えたいとき
.... p37

index

3章 素敵な恋愛や結婚をしたいとき
.... p 67

4章 夢を叶えたいとき
.... p 99

5章 豊かな人生を送りたいとき
.... p 129

1章

自分を磨きたいとき

自分にマルをあげよう

謙虚になるのはいいのですが、卑下する必要はありません。自分はこの程度の人間だと決めてしまうと、そのイメージに合ったネガティブな行動になります。「私なんて」は禁句。自信をもつことが自分磨きの第一歩です。

自分は大した人間ではないと思うな。
そんなことは決して考えるな。
他人からそんなものだと思われてしまう。
　　　　　　　　　　アンソニー・トロロープ（作家）

やりたいことは「実現できる、やり遂げる」と誓いを立てましょう。そうすれば、リンカーンの言葉の通り、半分達成されたも同然。なぜなら、目的を成し遂げるまでやめないから。あとは、そのための努力をすればいいのです。

自分と約束しよう

自分の心に固く決意すれば、
目的は既に半分達成されたも同然だ。

エイブラハム・リンカーン
(第16代アメリカ合衆国大統領)

自信があるフリをすればいい

ムリかな？　と思うことを依頼されても、確信に満ちた態度で「やれます」と引き受けましょう。そしてそれを証明するために努力します。すると、やがてハッタリだった自信が本物の自信に変わってゆくのです。

確信があるように振る舞いなさい。
そうすれば、次第に本物の確信が生まれてくる。

　　　　　フィンセント・ファン・ゴッホ（画家）

1章　自分を磨きたいとき

自分が一番の財産になる

金儲けに走るより、自分を磨き上げることが大切。自分が成長するためにお金を使えば、やがてそれが新たなお金を生むことだってあるかもしれません。自分に力があれば、無一文になっても、また立ち上がることができるのです。

金儲けのうまい人は、無一文になっても
自分自身という財産を持っている。

アラン（哲学者）

ゆるぎない自分をつくろう

吉川英治の代表作『宮本武蔵』の中で、武蔵が弟子の伊織に説いた言葉。誰かのようになりたいと焦っていると、自分が見えなくなってきます。人の真似をするのではなく、何者にも似ていない自分自身をつくり上げましょう。

あれになろう、これになろうと
焦るより、富士のように黙って、
自分を動かないものに作り上げろ。

吉川英治（作家）

年をとっても美しく

生まれもった容姿で勝負できるのは若い時だけ。30代、40代と年を重ねるごとに、人間性が姿形に表れてきます。美とともに感性を磨いて、生涯現役だったシャネルのように、いくつになってもキラキラと輝く人を目指しましょう。

20歳の顔は自然から授かったもの。
30歳の顔は自分の生き様。
だけど50歳の顔には
あなたの価値がにじみ出る。

ココ・シャネル(デザイナー)

顔は心を表す

女優のオードリー・ヘップバーンが愛した詩の一節。不平不満を心に溜めていると、後ろ向きな気持ちになり、それが表情に表れます。言葉を発するなら、前向きで明るい言葉を。欠点よりも美点を見つけるよう心がけて。

美しい唇であるためには、美しい言葉を使いなさい。
美しい瞳であるためには、他人の美点を探しなさい。

サム・レヴェンソン（詩人）

経験によって磨かれる

つらい経験をした人ほど、人に優しくできるといいます。ハイネは、失恋の経験から、世界中の人々に愛される愛の詩を何編も生み出しました。生きていると様々な出来事に遭遇しますが、苦しい経験は成長に繋がります。

学費は安くないが、
経験は素晴らしい学校だ。

ハインリヒ・ハイネ（詩人）

1章 自分を磨きたいとき

自分が醜いと嘆いているだけでは、何も変わりません。気持ちを切り替えて、美しく見せる方法を考えましょう。まずは、落ち込んだ顔を笑顔に。次は鏡の前で一番美しく見える微笑み方を探してみましょう。

自分をプロデュースしよう

醜い女はいない。ただ、どうすれば
かわいく見えるかを知らない女はいる。

ラ・ブリュイエール（思想家）

他人の評価には
左右されない

他人の評価を気にしすぎると、人にどう思われるかが行動の基準になり、自分の本心とは違う選択をすることになります。あなたの人生はあなたのもの。自分がどうしたいかを基準に人生を楽しく生きましょう。

たとえ100人の専門家が「あなたには才能がない」と言ったとしても、その人たち全員が間違っているかもしれないじゃないですか。

マリリン・モンロー（女優）

思考が明日の自分をつくる

運命を変えたいなら、思考を変えましょう。前向きな思考を心がけると、自然に自ら行動できるようになります。やがて、それが習慣となり、人格も理想に近づきます。これを続けることで以前と違う運命が切り開けるのです。

考えは言葉になり、行動を生み、
習慣となる。習慣はやがて人格となり、
そして人格はその人の運命をつくる。

マーガレット・サッチャー（元イギリス首相）

しないことを決めれば
必要なものが見えてくる

あれこれしようと考えることも大切ですが、その前に「しないこと」を決めましょう。すると、本当にしなければいけないことが見えてきます。絞り込んだことに集中してやり抜けば、確実に成果を上げることができます。

「すること」それを決めることは
簡単である。難しいのは
「しないこと」を決めることだ。

マイケル・デル（実業家）

自分らしくありつづけることは難しい。社会に出ると、
つい場の空気を読んで人に合わせてしまいます。でも、
あなたの人生はあなた自身のもの。他人に支配されずに、
自分らしく生きられるよう強い心をもちたいものです。

自分らしさを大切に

絶えずあなたを何者かに変えようとする世界の中で、自分らしくあり続けること。それは最高の偉業である。

　　　　ラルフ・ワルド・エマーソン（思想家）

自分を信じて

どうすればいいか迷ったら、まず自分を信じてみましょう。そうすれば、自然に自分のやりたいこと、やるべきことが見えてきます。余計なことは考えず、目指す方へ信じて進めば、その先には幸せが待っています。

幸福とは自分を受けいれること
自分を全肯定できること
自分と仲よくなれることだ。

中野孝次（作家）

猫にまつわる名言 ①

 飼い主はどっち？

猫のしつけは難しいと聞いていた。そんなことはない。
私の場合、2日でしつけられてしまった。

　　　　　　　　　　　ビル・ダナ（宇宙飛行士）

 芸術品です

猫は、どんなに小さくても最高傑作である。

　　　　　　レオナルド・ダ・ヴィンチ（芸術家・科学者）

 猫のような小説って？

猫と同じぐらいミステリアスな作品を
書けたらいいのに。

　　　　　　　　　　エドガー・アラン・ポー（作家）

2章

悲しみを乗り越えたいとき

自分をほめよう

頑張っているのに結果が出ないで落ち込んでいる。そんな時こそ自分をほめましょう。「頑張れる自分は凄い!」そう思うことで、失ったやる気を取り戻すのです。努力を続ければ、まわりもあなたを認めるでしょう。

せめて自分ぐらい自分をほめて
認めてあげないと自分が救われない。
自分の味方になれるのは自分だけ。

美輪明宏（歌手・俳優）

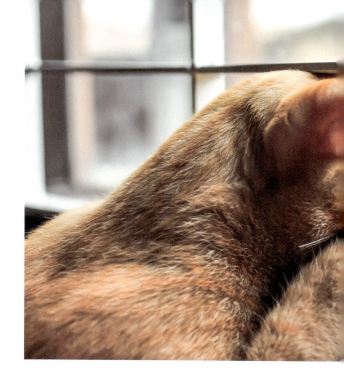

喜びと悲しみは表裏一体。悲しみは何かを失った時に起こる感情です。つまり、失う前は喜ばしい状況だったということ。大切なのは悲しみから逃れようとせず、受け入れること。次はきっと、喜びが訪れます。

きっと明日は青空

美しいバラはトゲの上に咲く。
悲しみのあとには必ず喜びがある。

ウィリアム・スミス（地質学者）

どう見るかは自分次第

坂に人が立っています。その人は、上っているようにも、下っているようにも見えます。人生も同じです。自分の立ち位置を上り調子ととらえるかそうでないかは、気持ち次第。調子が悪いと決めつけて悲観することはありません。

上り坂と下り坂は、一つの同じ坂である。

ヘラクレイトス（哲学者）

一生懸命にやっていても、自分では解決できない状況に落ち入ることもあります。そんな時はジタバタせずに、なりゆきにまかせましょう。大切なのは、そうなっても後悔しないよう、日頃からベストを尽くすことです。

なりゆきまかせで

もはや手の施しようのない事態に
なったら、事態の成り行きに任せるだけだ。
　　　　　　　ヘンリー・フォード（実業家）

悲しみのとなりにある
幸せに気づこう

不幸を見つめてばかりいると、幸せに気づけなくなってしまいます。ドアが閉じられたと感じる出来事が起きても諦めないで。絶望せずに、開いているドアを探しましょう。別の幸せは意外と近くにあるものです。

一つの幸せのドアが閉じるとき、
もう一つの幸せのドアが開く。しかし、
私たちは閉じたドアばかりに目を奪われ、
開いたドアに気づかない。
　　　　　　　ヘレン・ケラー（教育家・福祉活動家）

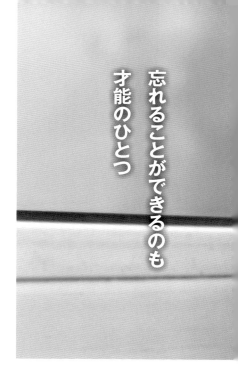

忘れることができるのも才能のひとつ

よいことは忘れてしまうのに、嫌な記憶に限って、ふとした瞬間に思い出すものです。忘れることも才能。嫌なことを思い出したら、「まあいいか」と声に出し、頭の中から悪いイメージを追い出しましょう。

よい記憶力は素晴らしいが、
忘れる能力はいっそう偉大である。

　　　　　　　エルバート・ハバード（教育者）

涙もきっと、素晴らしい経験に変わる

人生が思い通りにいかず、もがき苦しむこともあるでしょう。ただ、今は苦しくても、いつかその経験が自分を成長させたのだと笑える日が来ます。つらくて逃げ出したいときも、この経験が宝になると前向きに考えましょう。

過去を思い返す日が来たときには、
「もがき苦しんだ日々こそが、最も素晴らしい」
と気がつくだろう。

ジークムント・フロイト（精神科医）

分けて考えよう

難しい問題も、分けて考えると解決の糸口が見えることがあります。難問はあわてて一度に解決しようとせず、問題を部分、部分に分けて、簡単な所から順番に処理しましょう。一つずつ片付けるのが、解決への近道です。

難問は分割せよ。

　　　　　　　デカルト（哲学者）

2章　悲しみを乗り越えたいとき

強い思いは困難も打ち破る

友人や家族の問題、金銭のトラブル、仕事のつまずきなど人生に悩みは尽きません。どんな困難も、自分は必ず解決できるという信念をもつことが大切。すると自然にやる気が出ます。湧き出たやる気で問題を解決していくのです。

人生には解決なんてない。
ただ、進んでいくエネルギーがあるばかりだ。
そういうエネルギーをつくり出さねばならない。
解決はその後でくる。

サン＝テグジュペリ（作家）

過去を振り返らない

人生は誰にとっても片道切符。誰も過去に戻ってやり直しはできません。後戻りはできないのだから、昔の失敗にとらわれて悲しむのはやめましょう。これからの出会いを大切にして、限られた時間を前向きに過ごすべきです。

人生は往復切符を発行していません。
ひとたび出立したら、再び帰ってきません。

　　　　　　　　　　　ロマン・ロラン（作家）

落ち込むことは問題でなく、そこから何度でも立ち上がる力をもつことが大切です。くじけて諦めてしまえばそれで終わり。再び挑戦するのは勇気のいることですが、何度でも挑戦する強い心が成功へ導いてくれます。

何度でも立ち上がろう

最大の名誉は
決して倒れないことではない。
倒れるたびに起き上がることである。

孔子（思想家）

つらい経験が人生を深める

悲しい経験も人生に必要なこと。過去につらい体験をしたからこそ、喜びを感じられるのです。そして、人を思いやる優しさも生まれます。つらい経験は人間性を磨き、人生についての理解も深めるのです。

涙とともにパンを食べた人間でなければ、
人生の味はわからない。

ゲーテ（作家）

2章　悲しみを乗り越えたいとき

ドーナツを見て、穴が空いているから損をしたと悲しむのは愚か。わざわざ、「ない」ところを探し出して、不幸だと嘆く悲観主義者になるのはやめましょう。美味しそう！　と、「ある」ものを喜ぶ楽観主義でいきたいものです。

ないものを見つめないで

楽観主義者はドーナツを見、
悲観主義者はドーナツの穴を見る。

オスカー・ワイルド（作家）

どんな未来を選択するかはあなた次第。マイナス思考で行く末を憂うより、未来に理想を描くことが大切。人の心は、常日頃考えていることに影響されます。人生が楽しくなる夢を描けば、未来もきっと明るくなります。

未来は希望

「未来」は、いくつもの名前を持っている。弱き者には「不可能」という名。卑怯者には「わからない」という名。そして勇者と哲人には「理想」という名、である。

ヴィクトル・ユーゴー（詩人）

アメリカ版の招き猫？

　ノーベル賞作家・ヘミングウェイは無類の猫好きでした。彼がフロリダ州キーウエストに住んでいたとき、友人からもらった６本指の猫を「幸運を呼ぶ猫」と信じて、とてもかわいがりました。この話が有名になり、アメリカでは６本指の猫を「幸運を呼ぶ猫」と呼ぶようになりました。

　キーウエストの家は、現在、見学をすることができます。庭には６本指の猫の子孫が多数いて（半数以上が６本指だとか）、観光客を喜ばせています。

気ままにくつろぐ、ヘミングウェイの猫の子孫。グローブのように大きな足に注目！

3章

素敵な恋愛や結婚をしたいとき

一瞬のときめきだけではなく、年老いた姿を想像しても好きだと思えたら、それが愛。長続きする秘訣は、相手にずっと一緒にいたいと思ってもらうこと。照れずに「ありがとう」と感謝の気持ちを伝えることが大切です。

年をとっても
一緒に

一人の人間を愛することは、その人間と一緒に年老いるのを受け入れることにほかならない。

カミュ（作家）

今まで、恋ができなかったからといって、恋愛に縁がないと思うのはやめましょう。恋ができなかったのは、過去のこと。未来は誰にもわかりません。恋愛への興味や相手に対する希望を失わなければ、恋はきっと芽生えます。

恋は
希望から始まる

恋が芽生えるには、
ごく少量の希望があれば十分である。

スタンダール（作家）

　与謝野鉄幹と激しい恋をし、大胆に愛を詠った『みだれ髪』を発表した晶子。恋をすると感受性が高まり、心も外見も美しく磨かれていきます。恋は人生をきらきらと輝かせるために欠かせない経験なのです。

恋は感性を高める

歌に上達しようと思うなら、
恋をしなさい。

与謝野晶子（歌人）

結婚できないから不幸だと思う必要はありません。結婚をしなくても、幸せを感じながら、のびのびと生きればいいのです。独身だからできる自由気ままな人生にも魅力があります。どちらも幸せになれるかは、自分次第です。

ひとりでも
二人でも幸せ

結婚するのも仕合せだし、
結婚しないのも仕合せだ。
どっちにも人間としての喜びがある。

武者小路実篤（作家）

子どもを育てたり、親を介護することを考えると、結婚するのに適切な年齢があるのも事実。しかし、その年齢を過ぎたからといって、焦る必要はありません。愛するパートナーと出会った時が適齢期なのです。

結婚したい時が適齢期

急いで結婚する必要はない。
結婚は果物と違って、いくら遅くても
季節はずれになることはない。

　　　　　　　　　　レフ・トルストイ（作家）

3章　素敵な恋愛や結婚をしたいとき

多少の欠点は大目に見よう

結婚する前に、慎重な判断をすることは必要。けれど、結婚したら長所をよく見て、多少の短所は大目に見ましょう。一度決断したら、後悔して生きるよりも、自分の決断が幸せなものになるよう努力することが大切です。

結婚前には両眼を大きく開いて見よ。
結婚してからは片眼をとじよ。

トーマス・フラー(神学者)

家族が増えると視野が広がる

結婚をしたり、子どもを育てたりすることは、自分の視野を広げます。結婚すると妻や夫、子どもをもてば親という役割が増えます。今までとは違う立場を経験することで、新たな苦労や喜びを知ることができるのです。

夫を持ったり、
子どもを持ったりするたびに、
人間の心の眼は開けてゆくものだよ。

川端康成（作家）

サプライズは必要ない

相手を喜ばせるためには、特別なサプライズは必要ありません。相手のためになるような小さなことをするだけで十分です。特別なことをするよりも、そこに大きな愛がともなっているかどうかが重要なのです。

愛とは、大きな愛情をもって、
小さなことをすることです。

マザー・テレサ（修道女）

恋をすると、おしゃれになる

恋多き作家として知られる宇野千代は、ファッション誌の編集者や着物デザイナーとしても活躍したおしゃれな女性でした。恋をすると、おしゃれをしたくなるもの。恋もおしゃれも楽しんで、素敵な女性を目指しましょう。

女のおしゃれ心は恋に比例する。
おしゃれをしなくなった娘は危険です。

宇野千代（作家）

3章　素敵な恋愛や結婚をしたいとき

愛は伝えよう

「どうして告白してくれないの?」と悩むなら、自分から気持ちを伝えましょう。仮にあなたの気持ちに気づいていたとしても、言葉にしてもらえると確信でき、うれしいものです。愛する人がいるなら、声に出して伝えよう。

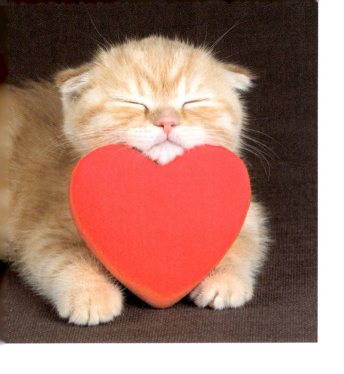

どんなに愛し合っていても、
口に出してそれと言わなければ、その愛が互いにわからないでいる事だって、世の中にはままあるのです。

太宰治（作家）

結婚相手の条件として、見た目や年齢、仕事など表面的な部分をあげる人は多いですが、それはいずれ変わってしまうもの。趣味が合う、笑うポイントが同じなど、年をとっても会話が続けられるような人を選ぶべきです。

会話が絶えない夫婦になろう

結婚するときはこう自問せよ。
「年をとってもこの相手と会話ができるだろうか」
そのほかは年月がたてばいずれ変化することだ。

　　　　　　　　　　　　　　　ニーチェ（哲学者）

自分から愛そう

愛されるのを待つより、愛することで幸せになりましょう。愛することは自分次第。愛することに重きを置けば、好きな人を幸せにしたくなるもの。そうやって、相手を喜ばせることで、自分も幸福になれるのです。

愛される事は幸福ではない。
愛することこそ幸福だ。

ヘルマン・ヘッセ（作家）

日常が愛を育む

恋には、プレゼントや素敵なデートなどロマンチックなものを求めがちですが、日常にささやかな幸せが転がっているもの。恋が生まれるときも同じ。気づかないほど身近なところに恋の相手がいることも多いのです。

ロマンチックな恋だけが恋ではありません。
本物の恋とは、オートミールをかき混ぜる行為のように
平凡で当たり前なのです。

　　　　　　　ロバート・ジョンソン（ミュージシャン）

モテを目指すのはやめよう

多くの人にモテようとしても、真剣な恋愛には繋がりません。誰にでもいい顔をする八方美人は、人気はあっても深く愛されているわけではないからです。大勢よりも、自分が愛する人に好かれるように振る舞いましょう。

広く好かれれば好かれるほど、
深く好かれないものだ。

スタンダール（作家）

恋は頭で考えていても始まりません。そして、失恋で傷ついて二度としないと心に誓っていても、魅力的な相手に出会えば、恋に落ちてしまうのです。自分ではコントロールできないのが恋。怖がらずに楽しみましょう。

恋心はコントロール不能

恋に落ちるのに重力は関係ない。

アインシュタイン(理論物理学者)

猫にまつわる名言②

 心の特効薬

惨めさから抜け出す慰めは2つある。音楽と猫だ。

アルベルト・シュバイツァー

(神学者・哲学・医師)

 気まぐれなんです

猫と女は呼ばないときにやってくる。

ボードレール(詩人・評論家)

 最高の贈り物

猫の愛より偉大なギフトがあろうか。

チャールズ・ディケンズ(作家)

4章

夢を叶えたいとき

夢を描こう

夢は思い描くことが大切です。ヴィジョンがなければ成功はありません。まずは、夢が叶ったときの自分をイメージしましょう。するとポジティブな感情が生まれます。その前向きな気持ちが、夢を実現させる原動力になるのです。

心の中のビジョンは現実になる。
　　　　　　　　　ジョン・レノン（ミュージシャン）

4章　夢を叶えたいとき

目標には簡単にたどり着くわけではありません。多くの人は途中でつまずき、失敗を一つずつ処理しながら、目標に近づくのです。どんな問題にも解決策は必ずあります。つまずいても諦めず、解決の糸口を探しましょう。

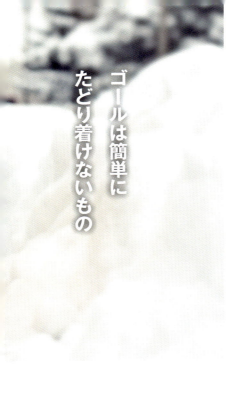

ゴールは簡単にたどり着けないもの

どんな困難な状況にあっても、解決策は必ずある。
救いのない運命というものはない。災難に合わせて、
どこか一方の扉を開けて、救いの道を残している。

ミゲル・デ・セルバンテス（作家）

粘りがひらめきを生み出す

もう無理だと思っても考え続けることが重要。粘り強さは成功の鍵なのです。これが限界と思う心を奮い立たせたときにアイデアは生まれます。思考には限界がありません、あきらめないで視点を変えてみることが大事です。

「もうこれ以上のアイデアを考えられない」
と思った後にこそ、良い考えは生まれる。

トーマス・エジソン（発明家）

4章　夢を叶えたいとき

いつからでも始められる

ボールドウィンが政治家を志したのは40歳。周囲には遅すぎると反対されましたが、イギリスの首相を2度務めました。何ごとも遅すぎることはありません。年齢を言いわけにせず、夢を叶える努力をしましょう。

人間、志を立てるのに
遅すぎるということはない。
　　　スタンリー・ボールドウィン（イギリス元首相）

ジャストサイズを見つけよう

万人に通用する処世術はありません。靴のように、ある人にはジャストなサイズかもしれませんが、自分には窮屈な場合もあります。試し履きしながら、合うものを探すように、自分にぴったりの方法を見つけましょう。

ある人に合う靴も、別の人には窮屈である。
あらゆるケースに適用できる人生の秘訣などない。
　　　　　　カール・ユング（精神科医・心理学者）

いつも心に好奇心を

ウォルトはミッキーマウスで成功するまで会社倒産などの挫折を何度も経験しています。しかし、前を見続けた結果、世界中に夢を与える事業に成功しました。夢破れても好奇心があれば、新たな希望が生まれ、別の道が開けます。

好奇心はいつだって
新しい道を教えてくれる。
　　　　　ウォルト・ディズニー（ディズニー創業者）

アメリカ公民権運動はバスの白人専用席に座った一人の黒人女性から火がつきました。彼女の行動がキング牧師や周囲を動かし、国を動かしました。大きな夢を実現したいときは、まず自分にできることから始めましょう。

できることから
始めよう

階段の最初の1歩を信頼してください。
その階段すべてが見えなくてもいいのです。
　　　　マーティン・ルーサー・キング・ジュニア（牧師）

4章　夢を叶えたいとき

チャンスは誰にでも平等に訪れます。気づかない人もいれば、挑戦するリスクを恐れて見逃している人もいるでしょう。チャンスは自分からつかむものです。その時だと感じたら瞬時に行動し、チャンスをつかみ取りましょう。

チャンスは平等にある

チャンスに出会わない人間は一人もいない。
それをチャンスにできなかっただけである。

A. カーネギー（実業家）

今日やろうと思っていたことを「明日やろう」と先延ばしにすのはやめましょう。先延ばしにすることが習慣となり、いつまでもしないようになります。一度やると決めたら、必ず実行。今日やるべきことは今日中に行うのです。

今日やるべきことは、
今日やろう

夜、眠りに入る前に、
「やるべきことをまだ実行していない」
と思い出したら、すぐに起き上がり実行しなさい。

　　　　　　　　　　　ドストエフスキー（作家）

旅は、予想外の出来事が起きるからこそ楽しいもの。旅先の情報を集めて計画しても、予定どおりにいきません。人生も同じ、何が起きるかはやってみなければわかりません。恐れずに、新しいことを始めましょう。

行き先のことは、わからないから面白い

最初から旅先のことがなにもかもわかっていたら、
誰も決して出発しないだろう。

フェデリコ・フェリーニ（映画監督）

4章　夢を叶えたいとき

最も多作な画家としてギネスブックに載っているピカソ。年老いても制作意欲が尽きることはありませんでした。彼のように向上心をもち、今日よりも明日の自分は成長していると信じて、毎日を精一杯生きましょう。

今日よりも明日!

明日描く絵が一番すばらしい。

パブロ・ピカソ（画家）

カードゲームの負けを運命のせいにする人がいますが、勝つ人は運に頼るのでなく、場のカードを見て戦略を練っています。人生も勝負するのはあなた自身。その場その場での決断が人生をつくるのです。

運命がカードをまぜ、我々が勝負する。
　　　　ショーペンハウアー（哲学者）

成功するまで続けよう

目標を達成するまでの過程に失敗はつきものです。つまずくとすぐに諦めてしまう人は失敗しやすく、諦めずに粘る人や失敗をいい経験として今後に活かせる人は成功します。失敗にめげず成功するまで挑戦し続けましょう。

失敗したところでやめてしまうから失敗になる。
成功するまでやれば、それは成功になる。

松下幸之助（パナソニック創業者）

4章　夢を叶えたいとき

自分はどんな存在だと思われたいか。それを突き詰めていくと生き方が見えてくるはずです。自分らしさを認めてもらうには、目指す方向を具体的に描き、それに近づくように行動すればいいのです。

自分らしい足跡を残そう

何によって憶えられたいか、
その問いかけが人生を変える。

ピーター・ドラッカー（経営学者）

4章　夢を叶えたいとき

漱石の「猫の死亡通知」

　夏目漱石は筆まめで、弟子や読者に多くの手紙を送っています。漱石の手紙の中でもユニークなのが、『吾輩は猫である』のモデルとなった猫の死を伝える「死亡通知」。これは猫が死んだ翌日、1908年9月14日付けで、何名かの弟子に送っています。内容は、死んだ状況や葬儀の様子を伝え「主人（漱石）は三四郎執筆中で忙しいので、会葬には及びません」とユーモアたっぷりに書いています。しかも新聞の死亡記事のように、はがきを黒く太い線で縁取る凝りよう。漱石の人柄と猫への愛を感じられるエピソードです。

5章

豊かな人生を送りたいとき

幸せは遠くにはない

どこかに行けば幸せが見つかるはずだと探しまわるより、今いる場所にある幸せに気づきましょう。毎日食事ができること、住む家があることなど、今あることに感謝の気持ちをもてば、その瞬間から幸せになれます。

愚か者ははるか遠いところに幸福を探し求め、
賢い者は足下で幸福を育てる。

　　　　　　　ジェームズ・オッペンハイム（詩人）

誰かからほめられた時は素直に喜びましょう。そして、厳しい事を言われた時は、反発するのではなく、全て自分を思って言ってくれていると解釈しましょう。疑うよりも、信頼することであなたの人格も磨かれていきます。

忠告にも感謝しよう

人の言葉は善意に解釈しなさい。
そのほうが五倍も賢い。

　　　　　　　ウィリアム・シェイクスピア（劇作家）

仲間を讃えよう

善いことをした人を見つけたら、必ずほめましょう。面と向かってほめるのは、照れたりして案外難しいのですが、ほめられた人はとても喜びます。相手との関係性もよくなり、あなた自身も幸せになれます。

誰かが善い行いをしたら拍手を送りましょう。
そうすれば二人の人間が幸せになれます。
　　　サミュエル・ゴールドウィン（映画プロデューサー）

大胆にチャレンジしよう

新しいチャレンジをすることで人生は面白くなります。あれこれ迷っていても思い切って始めてしまえば、決心がつくものです。一度進み出したら振り返らず、後悔しないようにベストをつくしましょう。

乗りかけた船にはためらわずに
乗ってしまえ。

イワン・ツルゲーネフ（作家）

聞く耳をもとう

忠告をされると、これまでやってきたことを否定されたように感じ、反発心をもってしまいます。真に優れた人は、素直な耳をもっています。どんなアドバイスにも耳を傾け、まずは受け入れましょう。

忠告を受け入れられる者は、忠告を
与える者よりも優れていることがある。
　　　　カール・ルードヴィッヒ・フォン・クネーベル（作家）

どんなにつらく悲しいことが起きても、人生は続きます。死ぬまでは本当の終わりは訪れません。大きな失敗をしても、それは人生の通過点。まだまだ先があると考え、希望をもって何度でもやり直せばいいのです。

まだまだ先がある

人生で学んだ全ては3語にまとめられる。
それは「何があっても人生には続きがある」
(it goes on) ということだ。

ロバート・フロスト（詩人）

それぞれに寿命は違います。どんなに短い一生だとしても、最高に人生を楽しんだら、誰にも負けない経験を得たといえるでしょう。経験の質と量は、命の長さとは比例しません。さまざまな経験をして、人生を楽しみましょう。

人生を楽しもう

最も長生きした人間とは、
最も年を経た人間のことではない。
最も人生を楽しんだ人間のことである。

　　　　　　　　　　　ルソー（哲学者）

仕事に「好き」を見つけよう

好きなことを仕事にできれば幸せです。しかし、生活の糧を得るために、好きでもない仕事をしている人も多いでしょう。そうだとしても、日々の仕事に楽しみを見つけることができれば、働くことが喜びに変わるはずです。

汝の愛するものを仕事に選べ。
そうすれば生涯一日たりとも働かなくて済むであろう。

孔子（思想家）

心はいつまでも子どものままで

「若い頃はあれもできたし、これもできた」と思うかもしれません。でもそれは今、本当にできないのでしょうか？ 自分に「年だから」という制限をかけることこそが老いなのです。いくつになっても気持ちは若くいましょう！

老いたから遊ばなくなるのではない。
遊ばなくなるから老いるのだ。

バーナード・ショー（劇作家）

笑いが充実した一日をつくる

どんなふうに過ごしても一日は24時間。同じ時間を過ごすなら、仲間や家族と笑い合って過ごす時間を増やしたいものです。面白くなくても笑顔でいると、自然に楽しい気分になります。つらい時ほど笑顔を大切にしましょう。

毎日の中で一番無駄に過ごされたのは
一度も笑わなかった日である。

シャンフォール（劇作家）

どんなに時代が変わっても、人はひとりでは生まれてきません。家族に迎えられて誕生し、惜しまれて亡くなります。あなたのそばには、いつも家族がいます。家族を大切にし、愛のある家庭をつくりましょう。

いつの時代も家族は大事

世の中がどんなに変化しても、人生は家族で始まり、家族で終わることに変わりはない。

アンソニー・ブラント（美術史家）

幸せを独り占めしようと思っていませんか。自分が幸せなら、それをシェアできる心の余裕をもちましょう。自分だけが幸せになりたいと考えて、他の人を幸せにできない心の貧しい人は、本当の意味で幸福とはいえません。

分け合おう

幸せな人はだれでも、他の人まで、
幸せにするものである。
　　　　アンネ・フランク(『アンネの日記』の著者)

見返りを求めないで

人に何かをするときに、見返りを求めるのはやめましょう。損得勘定で動いても、ケチな人だと思われるだけです。親切にしたことはいつか自分に返ってきます。優しい温かな行動が、きっとあなたを幸せにします。

見返りを求めず、無差別に親切なことをしてください。いつの日か誰かがあなたに同じことをしてくれるかもしれないのだから。

ダイアナ（元イギリス皇太子妃）

小さなことで悩んだり不安になったりすることは多いもの。しかし、ほとんどは取り越し苦労になるものです。深く悩んで行動しないのは時間のムダです。「きっと大丈夫」と自分に言い聞かせ、前向きに行動しましょう。

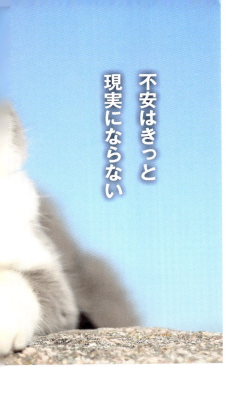

不安はきっと現実にならない

私がこれまで思い悩んだことのうち、
98％は取り越し苦労だった。

マーク・トウェイン（作家）

5章　豊かな人生を送りたいとき

人生とは喜歌劇である

ロッシーニは、76歳で亡くなるまで、言葉通り美食と恋、音楽を楽しみました。彼のように人生を楽しむコツは、楽しむことそのものを人生の目的にすること。つらいことの中にも、楽しみを見いだせば、充実した人生を送れます。

人生とは食べること、愛すること、
歌うこと、消化することの４幕から
なる喜歌劇である。

ロッシーニ（作曲家）

[参考文献]
『明日が変わる座右の言葉全書』話題の達人倶楽部・編（青春出版社）
『名言名句の辞典　日本語を使いさばく』現代言語研究会・著（あすとろ出版）
『心に火をつける言葉　あなたの背中を押してくれる名言集』遠越段・著（総合法令出版）
『心に刻みたい賢人の言葉』植西聰・著（あさ出版）
『愛の言葉』「人生の言葉」編集部・編（日本ブックエース）ほか

装丁写真	猫ケンジ＿土肥美帆 @big_face_cat_kenji
写真提供	Shutterstock.com
装丁デザイン	大前浩之（オオマエデザイン）
本文デザイン・DTP	尾本卓弥（リベラル社）
編集人	安永敏史（リベラル社）
編集	伊藤光恵（リベラル社）
営業	津村卓（リベラル社）
広報マネジメント	伊藤光恵（リベラル社）
制作・営業コーディネーター	仲野進（リベラル社）

編集部　中村彩・木田秀和
営業部　澤順二・津田滋春・廣田修・青木ちはる・竹本健志・持丸孝

※本書は、2015年に発刊した『1日1分で心に効く　ねこセラピー』を編集・文庫化したものです。

1分で幸せになれる言葉
にゃんこセラピー

2024年9月24日　初版発行

編　集	リベラル社
発行者	隅田　直樹
発行所	株式会社 リベラル社 〒460-0008　名古屋市中区栄3-7-9　新鏡栄ビル8F TEL 052-261-9101　FAX 052-261-9134　http://liberalsya.com
発　売	株式会社 星雲社（共同出版社・流通責任出版社） 〒112-0005　東京都文京区水道1-3-30 TEL 03-3868-3275
印刷・製本所	株式会社 シナノパブリッシングプレス

©Liberalsya 2024 Printed in Japan　ISBN978-4-434-34507-4　C0195
落丁・乱丁本は送料弊社負担にてお取り替え致します。